ICS 35.240.30
A 14
备案号:54445－2016

# WH

# 中华人民共和国文化行业标准

WH/T 74—2016

# 图书馆行业条码

# Bar code for librarianship



2016－04－21 发布　　2016－07－01 实施

中华人民共和国文化部　发布

**图书在版编目(CIP)数据**

WH/T 74—2016 图书馆行业条码/中华人民共和国文化部发布. --北京:国家图书馆出版社, 2016.8
中华人民共和国文化行业标准
ISBN 978 -7 -5013 -5941 -7

Ⅰ.①W… Ⅱ.①中… Ⅲ.①条码技术—应用—图书馆工作自动化—行业标准—中国 Ⅳ.①G250.78 -65

中国版本图书馆 CIP 数据核字(2016)第 208060 号

书　　名　WH/T 74—2016 图书馆行业条码
著　　者　中华人民共和国文化部　发布
责任编辑　高　爽　唐　澈

---

出　　版　国家图书馆出版社(100034　北京市西城区文津街 7 号)
(原书目文献出版社　北京图书馆出版社)
发　　行　010 -66114536　66126153　66151313　66175620
66121706(传真)　66126156(门市部)
E-mail　nlcpress@ nlc. cn(邮购)
Website　www. nlcpress. com ——→投稿中心
经　　销　新华书店
印　　装　北京玥实印刷有限公司
版　　次　2016 年 8 月第 1 版　2016 年 8 月第 1 次印刷

---

开　　本　889 ×1194(毫米)　1/16
印　　张　1. 25
字　　数　26 千字

---

书　　号　ISBN 978 -7 -5013 -5941 -7
定　　价　20. 00 元

# 目　　次

# 前　言

本标准按照 GB/T 1.1—2009 给出的规则起草。

本标准代替 WH 0501—1995《图书馆行业条码》。本标准除编辑性修改外主要技术变化如下：

——选择使用 QR 二维码作为图书馆行业条码标准修订版中的条码基础码(原标准选择一维码)；

——在条码的编码序列中增加行业条码前缀标识、指示及控制参数字段、所属机构标识字段、对象标识字段(原标准仅含此项)、扩展信息字段；

——增加行业条码前缀标识,使本标准行业条码具有行业区分预识别功能；

——增加所属机构标识字段来实现对象所属机构的识别；

——使用的所属机构标识字段与对象标识字段可兼容现有用户自定义,区域与国际标准化代码,与图书馆 RFID 技术应用保持兼容；

——扩展信息字段允许用户适度加入自选信息。

本文件的某些内容可能涉及专利,本文件的发布机构不承担识别这些专利的责任。

本标准由中华人民共和国文化部提出。

本标准由全国图书馆标准化技术委员会(SAC/TC 389)归口。

本标准起草单位:国家图书馆。

本标准起草人:邢军、董曦京、张红、只莹莹、陈攀。

# 引　言

本标准修订了文化行业标准《WH 0501—1995 图书馆行业条码》。本标准的制定旨在为中华人民共和国行政区划内各级各类图书馆提供一种具有对象标识符(馆藏、读者、书架架标条码等)和对象所属机构标识的通用图书馆行业条码标准,并保持与现有图书馆条码体系及图书馆 RFID 技术应用标准数据的兼容。

本标准条码可用于下列图书馆业务的需求:

——图书馆流通及查询作业中,识别单件馆藏(以条码方式)及所属机构;

——图书馆馆际互借业务中,识别单件馆藏(以条码方式)及所属机构;

——图书馆流通及查询作业中,识别读者证(以条码方式)个体及所属机构;

——识别 RFID 标签对象标识符(馆藏、读者证、架标、设备等)的基础数据条码;

——识别图书馆外借、自用设备等物品的条码。

本标准基于适用性、软硬件普及性考虑选择快速响应矩阵码(QR 码)作为图书馆行业条码的基础条码,并遵守其基本数据编码规则,本标准中不对 QR 码基本原理和技术规则进行释义。

# 图书馆行业条码

## 1 范围

本标准规定了图书馆行业条码的数据元素、数据结构、基础码制、图书馆条码与基础条码的数据转接编码方式和条码标签印刷格式。

本标准适用于图书馆行业条码编码及条码标签制作,相关文献信息机构可参考采用。

## 2 规范性引用文件

下列文件对于本文件的应用是必不可少的。凡是注日期的引用文件,仅所注日期的版本适用于本文件。凡是不注日期的引用文件,其最新版本(包括所有的修改单)适用于本文件。

GB/T 1988 信息技术 信息交换用七位编码字符集

GB/T 2659—2000 世界各国和地区名称代码

GB 18030—2005 信息技术 中文编码字符集

GB/T 18284—2000 快速响应矩阵码

WH/T 43—2012 图书馆 射频识别 数据模型 第1部分:数据元素设置及应用规则

ISO 15511—2011 信息与文献 图书馆及相关组织国际标准化标识符(Information and Documentation—International Standard Identifier for Libraries and Related Organizations)

ISO 28560—1 信息和文献 图书馆的射频识别 第1部分:数据元和实施的一般指南(Information and Documentation—RFID in Libraries—Part 1:Data Elements and General Guidelines for Implementation)

ISO/IEC 10646—2012 通用多八位编码字符集

SGTIN-96 系列化全球贸易物品代码(Serialized Global Trade Identification Number)

ONIX 在线联机交换标准(Online Information Exchange)

## 3 术语和定义

下列术语和定义适用于本文件。

### 3.1

**数据元素 data element**

数据的基本单位。

### 3.2

**条码 bar code**

由一组规则排列的条、空及其对应字符组成的标记,用以表示一定的信息。

[GB/T 12905—2000,定义2.1]

3.3

**一维条码　one-dimension bar code**

在一维方向上表示信息的条码符号。

[GB/T 12905—2000,定义 2.53]

3.4

**二维条码　two-dimension bar code**

在二维方向上表示信息的条码符号。

3.5

**矩阵式二维条码　two-dimension matrix bar code**

中心距固定的多边型单元组成的标记,用于表示一定信息的二维条码。

3.6

**前缀标识　prefixes identifier**

数据编码中最前端设置的定长、区分性标识字段,用于对特定及相似信息编码的区分性识别。

3.7

**应用族标识符　application family identification;AFI**

在数据协议和空中接口协议中所使用的机制,它用于选择与某一应用或应用中某一方面相关的一类射频标签,并忽略与带有不同标识的其他类别射频标签的进一步通信。

3.8

**应用类别　type of usage**

对(数据元素)款项的附加信息描述。

3.9

**对象标识　objector identifier**

与对象相关联的,与其他同类型值均不相同的全局唯一值。

3.10

**图书馆及相关组织国际标准化标识符　international standard identifier for libraries and related organizations ;ISIL**

ISO 组织提出的由拉丁字母/数字/间隔符组成的可变长(限长 16 位)国际图书馆及相关组织机构代码。

3.11

**所属机构标识　owner institution**

图书馆馆藏、读者证等标识对象的所属机构代码。

注:图书馆行业通常称其为"馆代码"。

3.12

**校验方式　verification mode**

检查传输数据准确性的计算方法。

3.13

**条码识读器　bar code reader**

识读条码符号的设备。

3.14

**译码　decoding**

确定条码符号所表示的信息的过程。

3.15

**射频识别　radio frequency identification; RFID**

在频谱的射频部分，利用电磁耦合或感应耦合，通过各种调制和编码方案，与射频标签交互通信唯一读取标签射频身份的技术。

[GB/T 29261.3—2012，定义 3.2]

## 4　条码数据元素及数据结构

### 4.1　条码数据元素概述

根据图书馆实际业务需求，本标准设置了 11 个条码数据元素，其中若干个数据元素含有多个参数选项，某些参数引自于其他现有标准，图书馆行业条码用户需对每个有选项的数据元素做出适当选择，以便正确标识实体数据属性。表 1 中列出了本标准定义的条码数据元素。

**表 1　图书馆行业条码数据模型元素表**

| 元素序号 | 元素名称 | 引用来源 | 编码方式 | 用途说明 |
|---|---|---|---|---|
| 1 | 前缀标识 | 来自 ISO 28560－1 标准的应用族标识符 AFI | 8 位(bit)编码<br>$(C2)_{HEX}$<br>$(1100\ 0010)_2$<br>见 4.2.1 | 图书馆行业条码前缀标识，与图书馆 RFID 标准中 AFI 一致 |
| 2 | 应用类别标识 | 本标准定义 | 3 位(bit)编码<br>8 种编码模式<br>见 4.2.2 | 指示此条码在图书馆业务中的用途 |
| 3 | 附加数据标识 | 本标准定义 | 1 位(bit)编码<br>2 种编码模式<br>见 4.2.3 | 指示条码有无附加数据 |
| 4 | 对象标识校验方式 | 按原一维条码的校验方式区分 | 4 位(bit)编码<br>16 种编码模式<br>见 4.2.4 | 指示对象条码的校验方式 |
| 5 | 对象标识编码类别 | 来自于：ISO 标准、用户自定、行业方案、国家方案 | 3 位(bit)编码<br>8 种编码模式<br>见 4.2.5 | 指示对象标识的编制类别 |

续表

| 元素序号 | 元素名称 | 引用来源 | 编码方式 | 用途说明 |
|---|---|---|---|---|
| 6 | 对象标识数据长度 | | 5 位(bit)编码<br>二进制转十进制数编码<br>$(11111—00000)_2$<br>$(32—0)_{10}$<br>见 4.2.6 | 用于指示对象标识的 ASCII 字符所占字节(byte)个数 |
| 7 | 所属机构标识编码类别 | 来自于 ISO 15511:2011、地方方案、国家方案、行业方案、用户自定 | 3 位(bit)编码<br>8 种编码模式<br>见 4.2.7 | 用于指示所属机构标识编码类别 |
| 8 | 所属机构标识数据长度 | | 5 位(bit)编码<br>二进制转十进制编码<br>$(11111—00000)_2$<br>$(0—32)_{10}$<br>见 4.2.8 | 用于指示所属机构标识的 ASCII 字符所占字节(byte)个数 |
| 9 | 对象标识数据 | | ASCII 字符集编码<br>见 4.2.9 | 对象标识数据实体 |
| 10 | 所属机构标识数据 | | ASCII 字符集编码<br>见 4.2.10 | 所属机构标识数据实体 |
| 11 | 附加数据 | 用户或区域自定义 | UTF-8 字符集编码<br>见 4.2.11 | 附加数据实体 |

## 4.2 条码数据元素使用

### 4.2.1 前缀标识

占用:第 1 字节 8 位(bit)。

用途:用于图书馆行业条码前缀标识符,条码识读器对不符合图书馆行业条码前缀标识的条码将停止进一步的译码作业。

来源:WH/T 43。

应用族标识符 AFI 参数。

编码:8 位(bit)二进制编码。与分配给图书馆行业 RFID 专用 AFI 标识编码相同。

$$(C2)_{HEX}$$

$$(1100\ 0010)_2$$

备注:此前缀标识的加入使本标准行业条码具有行业区分预识别功能,选择$(C2)_{HEX.}$。前缀标识使图书馆条码前缀与图书馆 RFID 标签用户族标识 AFI 保持兼容一致。

### 4.2.2 应用类别标识

占用:第 2 字节高 3 位(bit)。

用途:标识该条码在图书馆中的用途类别。

来源:本标准定义。

编码:3 位(bit)二进制编码,$(111—000)_2$,8 种编码模式。

| | |
|---|---|
| 主馆藏标识 | $(101)_2$ |
| 读者证标识 | $(110)_2$ |
| 馆藏架位标识 | $(111)_2$ |
| 图书馆其他物品标识 | $(100)_2$ |
| …… | |

备注:应用类别标识的引入使图书馆行业条码可区分性处理各种与条码相关的图书馆业务。

#### 4.2.3 附加数据标识

占用:第 2 字节从低位起第 5 位(bit)。

用途:指示条码有无基本数据区以外的附加数据。

来源:本标准定义。

编码:1 位(bit)二进制编码,$(1—0)_2$,2 种编码模式。

| | |
|---|---|
| 无附加数据 | $(0)_2$ |
| 有附加数据 | $(1)_2$ |

备注:附加数据是图书馆行业条码中基本数据之外的扩展型数据。

#### 4.2.4 对象标识校验方式

占用:第 2 字节低 4 位(bit)。

用途:指示对象标识符的校验方式。

来源:常用一维条码校验方式定义。

编码:4 位(bit)二进制编码,$(1111—0000)_2$,16 种编码模式。

| | |
|---|---|
| 无校验 | $(0000)_2$ |
| 模 10 校验 | $(1010)_2$ |
| 模 43 校验 | $(1101)_2$ |
| 系统默认校验方式 | $(1011)_2$ |
| …… | |

备注:对象标识校验方式是指原有图书馆一维条码的校验方式,校验计算可进一步提高条码信息传入正确率。图书馆用户在前期一维条码应用中选择了对条码数据加校验位或不加校验位,在本标准中的对象用户仍可继续保持其校验方式选择。本标准列出常规校验选择方式:①无校验;②模 10 校验;③模 43 校验;④系统默认校验方式(原系统可校验,其他合作系统可放弃校验)。

#### 4.2.5 对象标识编码类别

占用:第 3 字节高 3 位(bit)。

用途:指示对象标识的编制类别。

来源:各类图书馆组织及国际化标准。

编码:3 位(bit)二进制编码,$(111—000)_2$,8 种编码模式。

| 编制类别 | 类别标识 |
|---|---|
| 单一图书馆集成系统内 | $(101)_2$ |
| 图书馆合作体内 | $(110)_2$ |
| 国家(区域)层面 | $(111)_2$ |
| SGTIN-96 | $(011)_2$ |
| …… | |

### 4.2.6 对象标识数据长度

占用:第 3 字节低 5 位(bit)。

用途:指示对象标识中的 ASCII 字符个数(即数据占用字节(byte)的个数)。

来源:本标准定义。

编码:十进制数$(31—0)_{10}$转 5 位(bit)二进制编码,$(11111—00000)_2$,最大编码长度冗余 $31_{10}$位。

示例:

| 字符个数 | 二进制数 |
|---|---|
| $0_{10}$ | $(00000)_2$ |
| $1_{10}$ | $(00001)_2$ |
| … | |
| $8_{10}$ | $(01000)_2$ |
| $9_{10}$ | $(01001)_2$ |
| $10_{10}$ | $(01010)_2$ |
| … | |
| $14_{10}$ | $(01110)_2$ |
| … | |
| $31_{10}$ | $(11111)_2$ |

备注:编码时按对象标识的 ASCII 字符个数(十进制数)转二进制数编码,识读器译码的过程相反。

### 4.2.7 所属机构类型编码

占用:第 4 字节高 3 位(bit)。

用途:指示所属机构标识的编制类别。

来源:ISO15511:2011—ISIL 及图书馆区域组织及图书馆用户自定义。

编码:3 位(bit)二进制编码,$(111—000)_2$,8 种编码模式。

| | |
|---|---|
| 国际标准所属机构标识 ISIL | $(101)_2$ |
| 国家统一所属机构标识 | $(111)_2$ |
| 行业统一所属机构标识 | $(110)_2$ |
| 合作体定义所属机构标识 | $(100)_2$ |
| …… | |

备注:本元素推荐采用 ISO 15511—2011 图书馆及相关组织国际标准化标识符。

#### 4.2.8 所属机构标识数据长度

占用:第 4 字节低 5 位(bit)。

用途:指示所属机构标识的 ASCII 字符个数(即数据占用字节(byte)的个数)。

来源:本标准定义。

编码:十进制数$(31—0)_{10}$转 5 位(bit)二进制编码,$(11111—00000)_2$,最大编码长度冗余$31_{10}$位。

示例:

| 字符个数 | 二进制数 |
|---|---|
| $0_{10}$ | $(00000)_2$ |
| $1_{10}$ | $(00001)_2$ |
| … | |
| $8_{10}$ | $(01000)_2$ |
| $9_{10}$ | $(01001)_2$ |
| $10_{10}$ | $(01010)_2$ |
| … | |
| $14_{10}$ | $(01110)_2$ |
| … | |
| $31_{10}$ | $(11111)_2$ |

备注:编码时按所属机构标识 ASCII 字符个数的十进制数转二进制数编码,译码过程相反。

#### 4.2.9 对象标识数据

占用:第 5 字节(byte)(含)后若干连续字节。

用途:记录对象标识数据实体。

编码:按条码数据元素 6 所定义的对象条码长度标识字符个数(字节个数),将元素 9 对象标识数据序列(ASCII 字符集编码)从高位到低位依次编入条码,阅读译码过程相反。

备注:可变长数据,最长 31 个 ASCII 字符(31 字节)。

对象标识数据一般来自于原馆藏(或读者证)的一维条码,在本方案中对其数据直接采用。对于原一维条码中定义的子字段属性仍继续由 ILS 客户端或主数据库相关程序处理,本条码编码不对其做解析处理。例如,很多图书馆在一维条码中定义了分馆所属机构标识、媒体(及语种)类型、馆藏流水编码等子字段,作为一个完整条码字符串可能含有全码校验(或没有校验),本标准方案对其字符串编码没有任何影响。

#### 4.2.10 所属机构标识数据

占用:对象标识数据结束后的若干连续字节。

用途:记录所属机构标识的数据实体。

编码:按元素 8 对所属机构标识长度标识所指示的字符个数(字节个数),将元素 10 所属机构标识数据(ASCII 字符集编码)序列从高位到低位依次编入条码,阅读译码过程相反。

备注:可变长数据,最长 31 个字符(byte)。

#### 4.2.11 附加数据

占用:所属机构标识数据结束之后的若干连续字节,直至全部用户条码数据结束。

用途:存放附加数据实体。

编码:将用户自定义的附加数据按 UTF-8 字符集编码,顺序编入数据序列,阅读译码过程相反。

附加数据段数据结构:

a)附加数据区内为可变长数据结构;

b)附加数据区可存储多个数据元素(未在本标准定义列出);

c)各附加数据元素之间用“;”字符(ASCII)做分隔符;

d)附加数据区内数据元素的个数、信息内容、排列顺序由用户自行安排。

备注:一般情况下不建议用户使用附加数据,使用时,该数据区内数据元素也不宜设置过多。

附加数据区选用 GB 18030—2005 UTF-8 字符集主要考虑世界各国文种需要。带有附加数据的图书馆行业条码推荐在馆际(国际)互借作业时使用,作为一种方便的国际互借数据辅助传递工具,携带诸如媒体类型、题名、作业号等数据,借出、借入馆可根据需要双方协商定义后使用。

如果附加元素中含媒体类型代码,在国内可使用本国 MARC 媒体类型代码,在国际互借中建议采用国际出版联盟 EDItEUR 的 2 字符 ONIX 媒体代码。

媒体描述符来自于 ONIX 图书类产品格式代码表,由 EDItEUR 发布与维护,最新产品格式代码来自于 ONIX 图书类产品格式代码表(参见 http://www.editeur.org)。

### 4.3 条码数据结构

表 2 给出了按照数据分区方式来显示的图书馆行业条码数据结构。

**表 2 图书馆行业条码数据结构**

| 指示及控制参数 | | | | 基本数据 | | 附加数据 |
|---|---|---|---|---|---|---|
| 第 1 字节 | 第 2 字节 | 第 3 字节 | 第 4 字节 | 若干字节 | 若干字节 | 若干字节 |
| *前缀标识 | *应用类别标识<br>*附加数据标识<br>*校验方式标识 | *对象标识编码类别<br>*对象标识数据长度 | *所属机构标识编码类别<br>*所属机构标识编码数据长度 | *对象标识数据(不超过 31 位 ASCII 字符) | *所属机构标识(不超过 31 位 ASCII 字符) | 附加数据 |
| 参数数据区 | | | | 实体数据区 | | 实体数据区 |

## 5 基础条码的选择

### 5.1 基础条码码制的选择

基础条码此处指各种已公开发布的、具有通用功能的条码(确定的码制、码型),用户可根据需求从中选择某种条码作为编制行业、系统专用条码的基础条码。

本标准选择 GB/T 18284—2000 快速响应矩阵码作为图书馆行业条码的基础条码,本条码属于矩阵式二维条码的一种。

### 5.2 基础条码与用户数据转接编码格式

本标准选择 GB/T 18284—2000 的 8 位(bit)字节流编码格式作为基础条码与用户数据转接编码

格式。

## 5.3 纠错等级

综合考虑用户数据传输正确率和数据冗余，本标准选择 GB/T 18284—2000 快速响应矩阵码“M”级纠错等级算法。

# 6 条码标签印刷格式

## 6.1 条码标签图案布局

二维条码印刷图案的上部是对象标识（馆藏、读者证、架标等）的印刷字符，下部是所属机构标识的印刷字符，中部是二维条码数据矩阵，中央区内嵌 LB（library）字母图案，提示条码标签是图书馆行业专用标签。

## 6.2 条码标签几何尺寸

在没有附加数据的情况下，本标准推荐的二维条码打印尺寸为 $18 \times 18mm^2$，内嵌字母图案的推荐打印尺寸为 $3 \times 3\ mm^2$，用户也可根据实际需要适当调整打印尺寸。

## 6.3 条码标签示例

本标准所设计的图书馆条码标签格式示例如下：

**示例 1**

3 3127 9311 4

CN-110108-1-NLC

示例 1 条码图案下部所属机构标识字符的编码见 WH/T 43—2012，符合 ISO 15511 国际标准化图书馆及相关组织标识符（ISIL）编码格式，其印刷字符数据串与条码内矩阵数据编码完全一致。其中“CN-”是按照 ISO 15511 编制的 ISIL 中国前缀标识，后部“110108-1-NLC”所属机构标识是按照 WH/T 43—2012 中区域编码规则编制。条码图案上部字符是条码中的对象标识符信息编码（按原一维条码信息编码）。

**示例 2**

3 3127 9311 4

CN**110001

示例 2 下方所属机构标识前缀的国家代码仍采用 GB/T 2659—2000 国家代码标准的双拉丁字符国家代码 CN，后加“＊＊”，随后的“110001”是来自于 1996 年全国文献工作标准化技术委员会编制的《科学技术信息系统标准与使用指南：信息分类与编码标准》（报批稿），此字段也可以是中国科学院或国家教委等区域组织编制的所属机构标识，在该条码信息编码中只对后部（如：110001）进行字符编码，没有对前缀“CN＊＊”进行条码信息编码。前缀“CN＊＊”标识了国家代码，提示其后是区域性所属机构标识，这样可与国际标准化的 ISIL 所属机构标识格式“CN-”相区别。

按照 WH/T 43—2012 标准,还没有申请到 ISIL 标识的图书馆可以沿用其以前的国家、行业或图书馆合作体自定义所属机构标识,使用时 RFID 标签的所属机构标识数据元素只能从中择其一,该所属机构标识符要存储在规定的相对标识符名下。本标准采取了相似的做法。但由于原区域性所属机构标识都没有国别标识前缀,如果在上列中仅印刷 110001 字符则无法分辨是哪个国家的所属机构标识,不方便馆际互借和国际互借。在所属机构标识之前加国家前缀代码和“ * * ”既标识了馆藏国别,又提示此所属机构标识是区域性所属机构标识,与图书馆 RFID 标签数据元素中 ISIL 与区域所属机构标识的处理方法保持一致。

## 7 图书馆行业条码适用条件说明

### 7.1 概述

本标准条码需要由系统客户终端对条码数据进行解析式识别,因此涉及系统客户终端程序开发问题,同时本标准条码与图书馆集成系统原有一维条码、RFID 标签属平行的自动化识别技术,三者在应用中会同时存在,本章节将对本标准条码相关适用条件、兼容性、程序逻辑、应用方法等问题加以说明。

### 7.2 条码应用机制及程序逻辑

当本标准条码应用于图书馆流通作业时,首先对条码识读器传送数据中的第一字节前缀标识进行比对核查,符合系统数据字典中的行业条码前缀$(C2)_{HEX}$比对条件后,再将该条码数据中权属机构代码 + 字段数据与应用系统数据字典中的相应权属机构代码(允许有多个量值)真值进行比对,核查通过后,可向系统传送该条码中的对象标识符段信息,进行后续作业,如果其中的任一步核查比对未通过,则取消后续作业。本标准条码与图书馆 RFID 应用在标签用户族、权属机构判别上的应用机制相似,因具备这两个功能完全克服了图书馆一维条码在此方面的缺失,并使系统联网管理的安全性、灵活性提高。

### 7.3 条码适用范围及条件

在中国行政区划内的各类图书馆均可选用本标准条码方案,新建图书馆集成系统可直接采用本标准条码方案;现有图书馆集成系统可在新应用中转用本标准条码,原有旧馆藏一维条码可以继续使用,或换贴本标准条码。

本标准的推广应与 ISO 15511—2011 的推广同时进行。

本标准条码与原图书馆一维条码数据、标准化图书馆 RFID 标签数据、各类新旧所属机构标识数据兼容,在同一图书馆集成系统内可同时并行使用原一维条码、本标准条码和标准化图书馆 RFID 标签。本标准不因标准条码的应用而要求对原系统中对象标识符、权属机构标识符的编码方案、数据库字段数据属性进行改动。

本标准条码可适用于有多种长度对象标识符的单个图书馆集成系统(如独立或多分馆单一集成系统,其馆藏条码有多种长度、码制,但无重码)。

本标准条码也适用于多图书馆分布式联网合作模式(如各馆系统独立,各馆馆藏条码之间可以存在重码),馆藏条码在合作体任意联网终端上首先通过权属机构标识区分,然后分别在其权属机构系统中完成流通作业。

图书馆 RFID 标签阅读一般采用第三方独立设备—软件(完全独立设备—软件,或独立客户端软件安装在多用途终端上)，与本标准条码识读无逻辑关系上的冲突。

## 7.4 条码与原系统一维条码识别

a)使用本标准的图书馆集成系统客户终端的条码数据输入程序需做相应调整，使其可区分一维条码与本标准条码。使用一维、二维条码兼容式条码识读器。

如果经条码识读器输入数据的第1字节与本标准条码前缀$(C2)_{HEX}$相符，客户终端程序按照本标准条码译码及执行相关后续作业；如果不符，则按一维条码执行相关后续作业，作业执行者需注意馆藏章的人工识别。

b)一维、二维条码识读器分开使用。在一维条码识读器情况下，流通作业仍按原客户终端程序进行；在二维码识读器情况下，对通过本标准条码前缀审核条件的条码将继续作业进程，对未通过的将停止后续作业。

针对本标准条码的应用，图书馆集成系统客户终端软件中应设置相应数据字典，条码区分阅读功能(软件)预选菜单，以适应各类用户的使用。

## 7.5 条码快速阅读

为提高本标准条码数据解析的效率，本标准推荐下述条码数据快速获取方式：

a)条码快速阅读方式一

在一个单用户图书馆集成系统中，如果对象标识数据的长度唯一(指馆藏、读者标识各自长度唯一)、对象标识符校验方式确定(无校验或某一种校验)；其所属机构标识数据长度唯一，则该系统可对本标准条码采取直接截取对应数据定长子字符串方式识读。

例如：对象标识数据长度为11位，所属机构标识长度为12位，系统获取二维条码识读器读取的原数据后，无须对数据前4字节(byte)数据解析，直接从第5字节(byte)开始截取11位对象标识数据字符(ASCII)；从其后截取12位(bit)所属机构标识数据字符(ASCII)，若所属机构标识审查合格，则向图书馆集成系统传送对象标识数据，如果所属机构标识审查未通过，则提示报错信息，并停止此次作业。

b)条码快速阅读方式二

在多分馆单一集成系统图书馆合作体中，如果对象标识(馆藏、读者证)数据有若干种长度，对象标识符校验方式确定(无校验或某一种校验)；其所属机构标识数据有若干种长度，则该系统可对本标准条码采取下述条码快速阅读方式。例如：对象标识数据长度为8—11位，所属机构标识长度为9—12位，系统获取二维码阅读器读取的原数据后，跳过第1字节、第2字节，直接从第3字节开始解析，即从第3、4字节获取对象标识数据字符属性、位长；从其后截取相应长度的对象标识数据字符、所属机构标识数据字符，若所属机构标识审查合格，则向图书馆集成系统传送对象标识数据，如果所属机构标识审查未通过，则提示报错信息，并停止此次作业。

方式二也适用于单用户图书馆集成系统的多长度对象标识、多权属机构标识情况。

**注**：对于条码应用背景复杂的系统，如联网合作、馆际互借、各类读者自助服务等情况，本标准推荐对本标准条码采取全比对项核查识读方式，以避免错误的发生。

国家图书馆出版社
官方微信

ISBN 978-7-5013-5941-7

定价：20.00 元